BEI GRIN MACHT SICH IHR WISSEN BEZAHLT

- Wir veröffentlichen Ihre Hausarbeit,
  Bachelor- und Masterarbeit

- Ihr eigenes eBook und Buch -
  weltweit in allen wichtigen Shops

- Verdienen Sie an jedem Verkauf

Jetzt bei www.GRIN.com hochladen
und kostenlos publizieren

Bibliografische Information der Deutschen Nationalbibliothek:

Die Deutsche Bibliothek verzeichnet diese Publikation in der Deutschen National-
bibliografie; detaillierte bibliografische Daten sind im Internet über http://dnb.d-
nb.de/ abrufbar.

Impressum:

Copyright © 2004 GRIN Verlag, Open Publishing GmbH
Druck und Bindung: Books on Demand GmbH, Norderstedt Germany
ISBN: 978-3-668-09728-5

Dieses Buch bei GRIN:

http://www.grin.com/de/e-book/310963/adorno-die-negative-dialektik-und-der-
jazz

Gregor Pollach

Adorno, die Negative Dialektik und der Jazz

GRIN Verlag

Referat im Hauptseminar

Theodor W. Adorno: Negative Dialektik

Sommersemester 2004

Am philosophischen Seminar der

Eberhard-Karls-Universität Tübingen

Thema: Die Negative Dialektik und der Jazz

„Alle Kultur nach Auschwitz, samt der dringlichen Kritik daran, ist Müll."

Dafür gibt es nach Adorno verschieden Gründe.

a) Auch die Kultur hat vor Auschwitz versagt.
   „Dass es geschehen konnte inmitten aller Tradition der Philosophie, der Kunst und der aufklärenden Wissenschaften, sagt mehr als nur, dass diese, der Geist, es nicht vermochte, die Menschen zu ergreifen und zu verändern. In jenen Sparten selber .... haust die Unwahrheit". (359)

b) Die Kultur vor Auschwitz ist nicht wieder belebbar.
   „Indem sie sich restaurierte .... ist sie zu der Ideologie geworden, die sie potenziell war ...." „Wer für Erhaltung der radikal schuldigen und schäbigen Kultur plädiert, macht sich zum Helfershelfer ....". (360)

c) Auch eine Verweigerungshaltung ist nicht möglich. „....während, wer der Kultur sich verweigert, unmittelbar die Barbarei befördert ....". (360)

d) Auch das Schweigen ist keine Alternative. „Nicht einmal Schweigen kommt aus dem Zirkel heraus; es rationalisiert einzig die eigene subjektive Unfähigkeit mit dem Stand der objektiven Wahrheit und entwürdigt dadurch diese abermals zur Lüge." (360)
   Brecht sah dies ähnlich „was sind dies für Zeiten, in denen ein Gespräch über Bäume fast ein Verbrechen ist, da es das Schweigen über so viele Untaten beinhaltet". Auch an anderer Stelle drückt es Adorno drastisch aus: „Nach Auschwitz ein Gedicht zu schreiben ist barbarisch" (GS 10 Seite 30).

Wenn ein Weiterführend der Kultur ausgeschlossen, ein sich Verweigern der Kultur unmöglich und ein Schweigen sinnlos ist, jeder Lösungsversuch des Problems für Adorno ein Positivismus ist, der durch seine Diskussion der in Auschwitz begangenen Taten sich als Frevel darstellt, bleibt für Theodor Adorno nur die Haltung des „Aushaltens".
„Hitler hat den Menschen im Stande ihrer Unfreiheit einen neuen kategorischen Imperativ aufgezwungen: Ihr Denken und Handeln so einzurichten, dass Auschwitz sich nicht wiederhole nicht ähnliches geschehe. Dieser Imperativ ist so widerspenstig gegen seine Begründung wie einst die Gegebenheit des Kantischen, ihn diskursiv zu behandeln wäre Frevel". (358) (Kategorischer Imperativ: „So zu handeln, dass die Maxime des Handelns zum allgemeinen Gesetz werden könne").
Jede „Lösung" des Problems wäre für Adornos dialektisches Denken ein Positivismus.
„Dialektik will bereits bei Platon, dass durch das Denkmittel der Negation ein Positives sich

herstelle .... das Buch möchte Dialektik von derlei affirmativem Wesen befreien ...." (9).

„Dass die Negation der Negation die Positivität zeigt, kann nur verfechten, wer Positivität als Allbegrifflichkeit schon im Ausgang präsupponiert". Es „wird das Positive an sich fetischisiert .... die Negation der Negation macht dies nicht rückgängig ....". (162)

Es bleibt ein Rest, der nicht im herkömmlichen Sinne „aufhebbar" ist.

Das Nichtaufhebbare ist das Nichtidentische.

Das Nichtidentische, das das „Negative" in der negativen Dialektik ausmacht (nach Lutz), kann aber nicht mit dem Ganzen versöhnt werden („Das Ganze ist das Unwahre").

„Der Versöhnung dient Dialektik" (18) gilt für die hegelsche Dialektik.

„Das negierte ist negativ bis es verging" und „die Negation der Negation macht diese nicht rückgängig ...." (162) gilt für Adornos negative Dialektik.

Da das Nichtidentische nicht versöhnt werden kann, aber dennoch in der Welt ist, nicht totgeschwiegen werden kann und man es auch nicht durch Enthaltung vom Thema aus der Welt bringen kann, bleibt nach Adorno nur es auszuhalten.

Widersprüche sollen also nicht abgetan werden oder durch Logik bereinigt werden, sondern nachvollzogen werden, ihre Differenzen sollen mittels immanenter Kritik herausgearbeitet werden und ihre Widersprüche ausgehalten werden.

Dieses Auszuhaltende, das Nichtidentische, das nicht weggeschnitten werden darf um die Kontinuität und Vollständigkeit einer Betrachtung zu ermöglichen, zu retten, ist das Anliegen der negativen Dialektik, die negativ ist, weil sie einen Widerspruch (eben nicht eine Lösung) aufdecken und festhalten möchte und sie ist dialektisch, weil ja gilt „der Nerv der Dialektik als Methode, ist die bestimmte Negation" (GS 5 Seite 318). Dieser wissenschaftliche Grundsatz wird beibehalten. Und sie bleibt auch deshalb Dialektik, weil sie gesellschaftlich-historische Zusammenhänge versucht begrifflich zu vermitteln und Gegensätze darzustellen, statt sie zu mythischen Seinsverhältnissen zu stilisieren (Heidegger nach Lutz)".

Aushalten als einzige mögliche Reaktion auf Auschwitz ist eine Auffassung, die sich beispielsweise auch bei Giorgio Agamben in seinem Buch „Was von Auschwitz bleibt" findet (Seite 8).

Die Aporie von Auschwitz ist die Aporie historischer Erkenntnisse. Die Nicht-Koinzidenz von Fakten und Wahrheit von Konstatieren und Verstehen.

„Manche wollen zu viel und zu schnell verstehen, sie haben für alles Erklärungen; andere weigern sich zu verstehen und betreiben eine wohlfeile Sakralisierung. In dieser Kluft zu verweilen, erschien mir der einzig gangbare Weg".

Aber gibt es wirklich keine Möglichkeit für die Kultur und ihre Weiterfürbarkeit nach Auschwitz zwischen dem positiv Aufgehobenen - was nach Adorno nicht akzeptabel ist und dem negativ Ausgehaltenen - was keinen Hinweis liefert auf die Möglichkeit weiterer Kultur?

Selbst wenn Adorno recht hätte mit seiner Bemerkung, dass nach Auschwitz kein Gedicht mehr geschrieben werden könne (GS 10 1 Seite 230), so muss man sich fragen, wer kein Gedicht mehr schreiben könne. Dass er es sich und anderen Kulturschaffenden, die nicht selbst in den Lagern waren verbieten will, es nicht fassen kann wenn sie es tun, oder es für zu schwierig hält, dem nötigen Diskurs zu entkommen, mag ja noch angehen. Dass er es aber den ehemaligen Lagerinsassen mit diesem Satz verweigern zu können glaubt, kann so kaum akzeptiert werden.

Gibt es denn vielleicht eine Möglichkeit außer affirmativer Positivität und steckenbleibender, aushaltender Negation?

Um eine solche innerhalb des Kulturbetriebes entdecken zu können, sollte sie

    a)   real existiert haben,

    b)   möglichst von Adorno wahrgenommen worden sein,

    c)   die Adorno sehr bewegenden Themen Antisemitismus, Kulturindustrie und Auschwitz berühren.

Ich denke, dass ein solcher Kulturbereich doch gefunden werden kann.
Bei näherer Betrachtung kann man ihn dort finden, wo man ihn zunächst vielleicht nicht suchen würde - nämlich im „Abseits" (die Gedanken zu diesem Referat entstanden während der Fußballeuropameisterschaft).
Ins Abseits gestellt hat Adorno ihn selbst, wie ich glaube jedoch zu Unrecht. Er findet sich überraschenderweise in einem weiteren speziellen Interessengebiet von Adorno, nämlich der Musik.

Es ist der Jazz.

Zu betrachten sind:

a)   Der musikalische Gehalt

b)   Die Protagonisten

c)   Die Kulturindustrie und ihre ideologische Bedeutung

d)   Auschwitz und der Antisemitismus

Zum Jazz gibt es einige sehr prägnante Bemerkungen und Urteile Adornos:

Einige Beispiele seien hier genannt:

a)   Zum musikalischen Gehalt:

1.   Improvisation und Blues:

-   „In der Kulturindustrie ist das Individuum illusionär nicht bloß wegen der
    Standardisierung ihrer Produktionsweise. Es wird nur so weit geduldet wie
    seine rückhaltlose Identität mit dem allgemeinen außer Frage steht. Von der
    genormten Improvisation im Jazz bis zur originellen Filmpersönlichkeit ....
    herrscht Pseudoindividualität" (Dialektik der Aufklärung 163).

Zum Blues: „Dass der Blues jazzgerecht sei, lässt sich beim besten Willen nicht
sagen. Die Rhythmik mit ihren sehr bescheidenen Scheintakten ist zu primitiv. Die
veristisch erotische Atmosphäre der Harmonik will sich zur schnöden Synkope nicht
schicken (GS 19 Seite 314). Dies konnte er sagen, obwohl man nach Adorno „mit
den Ohren denken" soll.

Die Antwort hierauf gibt in seinem Jazzbuch Joachim E. Behrendt

„Der Jazzmusiker improvisiert über gegebene Harmonien", genau dies tat Johann Sebastian Bach und seine Söhne, wenn sie etwa einen Chaconne oder eine Air spielten .... Generalbass, Organum und Cantus firmus der alten Musik entstanden zunächst einmal um der Improvisation Struktur zu geben und sie zu erleichtern - in dem gleichen Sinne, in dem heute die Jazzmusiker die Bluesakkorde und die Bluesform benutzen um ihren Improvisationen Struktur zu geben.

„Vor 150 Jahren gingen unsere Vorfahren ins Konzert um Beethoven, Talberg und Clementi grandios und glanzvoll improvisieren zu hören .... wir Heutigen müssten für die gleiche Art eines musikalischen Genusses zu Lionel Hampton .... Duke Ellington und Louis Armstrong gehen. „Ich möchte es ihnen überlassen, die Schlüsse zu ziehen, die aus diesem seltsamen Sachverhalt gezogen werden können ...".

Auch die Synkope scheint hier missgedeutet zu werden.

2. Synkope:
    -   Ein Jazzmusiker, der ein Stück ernster Musik das einfachste Menuett
        Beethovens zu spielen hat, synkopiert es unwillkürlich und lässt nur souverän
        lächelnd sich dazu bewegen, mit dem Taktteil einzusetzen". (DDA 136)
    -   Er geht noch weiter: „Jeder muss zeigen, dass er sich ohne Rest mit der Macht
        identifiziert, von der er geschlagen wird. Das liegt im Prinzip der Synkope des
        Jazz, der das Stolpern zugleich verhöhnt und zur Norm erhebt". (DDA 162)

Ferner gehört zu Swing die Mehrschichtigkeit der Rhythmen und die Spannung zwischen ihnen - die Verlagerung rhythmischer Akzente .... diese Verlagerung nennt man in der europäischen Musik Synkope. Aber es verrät ein grundsätzliches Missverständnis der Jazzmäßigkeit, wenn man dieses Wort auf den Jazz anwendet. Synkopen können nur dort entstehen, wo die synkopische Verlagerung einer Note etwas unregelmäßiges ist. Im Jazz ist sie etwas regelmäßiges - so weit gehend, dass die Abwesenheit von Synkopen ihrerseits auch wieder synkopisch (wenn dieses Wort im Jazz irgendeinen Sinn hätte) wirken kann (Berendt)".

b) zu den Protagonisten:

1. Benny Goodman:

„dafür muss der Jazzführer Benny Goodman mit dem Budapester Streichquartett
auftreten, rhythmisch pedantischer als irgendein philharmonischer Klarinettist ...."
(DDA 144)

Abgesehen davon, dass Benny Goodman einer der Ersten war, der schwarze
Musiker in eine große, weiße Swingband aufnahm gilt:

- „Der Unterschied zwischen der Präzision, die es etwa in dem Orchester Count
  Basie gibt und der Art der Präzision, die selbst die besten europäischen
  Sinfonieorchester besitzen, liegt darin, dass Basies Präzision vom Swing her, die
  andere Präzision vom akademischen Drill her gewonnen wird. Basies Musiker
  spüren: „Die Note ist fällig."

Hierin liegt eben die Bedeutung des Wortes „it don't mean a thing if it aint got that
swing"

Aber auch der von Adorno so beschimpfte Jazzführer Benny Goodman war (siehe
oben) durchaus nicht auf der Seite der Rassisten zu finden.

Eher muss sich da schon Adorno mit seinen Bemerkungen über die Neger und den
Negerhass verteidigen.

2. Dizzy Gillespie und Guy Lombardo:

- „.... während die Budapester dazu so glatt vertikal und süß spielen wie Guy
  Lombardo".

„Die Kulturindustrie aber reflektiert die positive und negative Fürsorge für die
Verwalteten als die unmittelbare Solidarität der Menschen in der Welt der Tüchtigen.
Niemand wird vergessen, überall sind Nachbarn, Sozialversorger, Dr. Gillespies und
Heimphilosophen mit den Herz auf dem rechten Fleck ...." (DDA 159).

Fast in einem Atemzug nennt Adorno Dizzy Gillespie und Guy Lombardo. Es gibt
ein Photo von Gillespie, sitzend neben Lombardo auf der Beerdigung von Louis
Armstrong mit der Unterschrift „im Bereich der Musik war nur Louis Armstrongs
Begräbnis in der Lage, Lomardo und Gillespie zusammen zu bringen."

3. Jack Teagarden:

Auch von Jack Teagarden, einem der berühmtesten Posaunisten, gibt es eine antirassistische Äußerung. „Als Armstrong Teagarden warnte, er könne auf der Tournee vielleicht Schwierigkeiten bekommen, weil er als Weißer mit schwarzen Musikern unterwegs sei, soll Teagarden ihm geantwortet haben „Du bist ein Nigger und ich bin ein weißer Arsch. Wir haben die gleiche Seele, lass uns einfach spielen (Burns/Ward)".

4. Duke Ellington:

Vom anderen großen Heroen des Jazz der ersten Jahrhunderthälfte Duke Ellington gibt es folgenden Satz: „Man kann es so sehen: Der Jazz ist ein gutes Barometer für die Freiheit ... - eine Musik die so frei ist, dass manche Menschen sie für den einzigen ungehinderten unverfälschten Ausdruck völliger Freiheit halten, den dieses Land (Amerika), je hervorgebracht hat.

Volker Kriegel berichtet anlässlich seiner Vordiplomsprüfung bei Adorno 1964, dass Adornos Jazzkenntnisse sich lediglich auf einen gewissen Teil des Jazz während seiner Immigrationszeit in Amerika bezogen „er kannte weder John Coltrane noch Charly Parker". (Behrens 115).

c) Zur Kulturindustrie und ihrer ideologischen Bedeutung

(Synkope siehe oben)

Dialektik der Aufklärung Seite 144: nach einer Kritik des Jazz wird der Jazz im folgenden implizit eingeschlossen: „Neu aber ist, dass die unversöhnlichen Elemente der Kultur, Kunst und Zerstreuung durch ihre Unterstellung unter den Zweck auf eine einzige falsche Formel gebracht werden: Die Totalität der Kulturindustrie. Sie besteht in Wiederholung .... Die gesellschaftliche Macht, welche die Zuschauer anbeten, bezeugt sich wirksamer in der von Technik erzwungenen Allgegenwart des Stereotypen als in den abgestandenen Ideologien ....“

Der Nerv der Dialektik als Methode ist die bestimmte Negation. Negative Dialektik bringt als neuen Aspekt, dass in der Dialektik das Nichtidentische, der Rest, eben die negative

Dialektik selbst, nicht unterschlagen wird. Es geht darum, Widersprüche nicht blind abzutun oder zu beseitigen, sondern auszuhalten, nachzuvollziehen und die Differenzen mittels immanenter Kritik (einer Kritik aus der Sache selbst heraus, aus der selbsteigenen Logik und nicht von außen (den Jazz jedoch kritisiert Adorno von außen). Kritische Theorie ist negative Theorie der Gesellschaft, die einen positiven Gegenentwurf nicht anzugeben vermag.

Die bestimmte Negation verweist auf die Utopie. Wahrheit muss nicht mehr die Identität von Begriff und Sache sein, sondern beweist sich darin, dass sie einen Rest anerkennt. Die aufblühende Utopie ist nach Bloch konkret nach Adorno negativ. Beides soll sie jedoch angeblich zusammen sein. (Behrens 70, 71, 109, 110, 131, 149, 171, 203, 215)

Adornos Utopie in der Musik ist wohl die Zwölftonmusik, denn die Zwölftonmusik ist durch die Gleichberechtigung der Töne das Ideal einer freien Gesellschaft, andererseits durch die Dissonanzen die Verdeutlichung der Widersprüche der bestehenden Verhältnisse.

„Dialektisch ist sie, als dass die Utopie einer freien Gesellschaft nur negativ als unvollständige und niemals als harmonische vollendete darstellbar ist".

Oder anders ausgedrückt: Adorno setzt Tonalität in der Musik mit Totalität gleich, denn: „For Adorno, tonal implications in a piece of modern musik sound as false as would atonal chords in Haydn" (Scruton 288). Adorno sieht das Überleben der Tonalität in der Popkultur als eine Art Krankheit, verbunden mit der Degeneration der modernen kapitalistischen Gesellschaft.

„Nicht umsonst entstammt das System der Kulturindustrie aus den liberalen Industrieländern wie denn alle ihre charakteristischen Medien, zumal Kino, Radio, Jazz .... dort triumphieren. Ihr Fortschritt freilich entsprang den allgemeinen Gesetzen des Kapitals .... Ullstein und Hugenberg waren nicht ohne Glück dem internationalen Zug gefolgt ...." Wenn schließlich der dramatische Knoten in den „Seifenopern" des Radios zum pädagogischen Beispiel für die Bewältigung technischer Schwierigkeiten wird, die als „Jam" ebenfalls wie auf den Höhepunkten des Jazzlebens gemeistert werden ..."
(DDA 130).

Die großen Künstler waren niemals jene, die Stil am bruchlosesten und vollkommensten verkörperten, sondern jene, die den Stil als Härte gegen den chaotischen Ausdruck von Leiden, als negative Wahrheit in ihr Werk aufnahmen.

Scruton: „The diminshed seventh chord on C-sharp over F that opens the last movement of Beethoven's Ninth Symphony will never „become banal" the musical fetish in Adornos conception has ceased to be art and become ideologie. (Scruton 468 und 481) (135)"
"As though we could not distinguish the cheerful and live andhansing sound of Louis Armstrong from the monsters of heavy metal".

Einwurf zu Beethoven (Behrens 48): "Wahr aber ist, dass seine Musik dieselbe Erfahrung ausspricht, die den hegelschen Begriff des Weltgeistes inspirierte".

d)	Bezug zu Auschwitz und zum Antisemitismus

- (Jazzführer Benny Goodman siehe oben)

„Hitler verbannte bereits 1933 die „jüdische Niggermusik" aus dem Radio, SA sabotierte Jazzkonzerte. Schon damals strichen einige deutsche Plattenfirmen sämtliche Schallplatten von schwarzen oder jüdischen Künstlern aus ihrem Programm. So kamen auch Benny Goodmans Platten auf den Index".

Übrigens war Benny Goodman Jude.

Zum Jazzverbot, dem Verbot in Deutschland Jazzmusik im Radio zu spielen, heißt es bei Adorno: „denn gleichgültig, was man unter weißem und unter Negerjazz verstehen will, hier gibt es nichts zu retten (GS 18 Seite 795)".
Dazu klärend schreibt Behrens „das beschämende an dieser Formulierung sei nicht nur das Ressentiment gegen die Jazzmusik .... und die bestürzende Naivität mit der noch hinter einem NS-Urteil eine ästhetische Wahrheit vermutet wird - verwunderlich sind vor allem die Ignoranz und die Dummheit mit der Adorno versucht Jazz, Jazzverbot, ästhetische Kritik und Nationalsozialismus zusammen zu bringen". Nach Behrens war das Verbot des Jazz nur ein Vorwand Menschen einzusperren und zu ermorden. Jazz lebte weiter - sowohl bei Göbbels privat, als in den Jazzbands in den Lagern.

Selbst im KZ Theresienstadt gab es eine Jazzband; die „Ghettoswingers" unter dem Klarinettisten Fricek Weiss, der im Stile von Benny Goodman spielte. Er und seine Eltern wurden später in Auschwitz vergast.

Nach dem Krieg fragte ein Reporter Dizzy Gillespie, ob Jazz als ernsthafte Musik betrachtet werden sollte. „Menschen sind für diese Musik gestorben" antwortete er, „ernsthafter geht es nicht".

Adorno formulierte einmal, dass Benno Ohnesorg und seine Leute die Juden der achtundsechziger Zeit gewesen seien und dass die Fremdwörter die Juden der deutschen Sprache seien. Im gleichen Sinne kann man vermerken, dass die Neger die Juden Amerikas vor dem zweiten Weltkrieg waren. Ihre Bedrohung durch den Ku-Klux-Klan lässt manche Parallelen (zumindest vor den Massenmorden) deutlich werden.

Überhaupt steht der Jazz deutlich auf Seiten der unterdrückten Minderheit in den Vereinigten Staaten.

Aber nicht nur seine starke Position bei den Schwarzen und seine Bedeutung für die Emanzipation der Schwarzen in der US-amerikanischen Gesellschaft betonen dies, es gibt auch Bezüge zum Judentum.

Louis Armstrong, der vielleicht bedeutendste aller Jazzmusiker, arbeitete in seiner Jugend in Storyville für Moris Karnovski, mit dem zusammen er Lumpen, Knochen und alte Flaschen sammelte. Durch das Mitaufwachsen in dessen Familie empfand Armstrong Zeit seines Lebens eine besondere Zuneigung für die Juden, die nach seinen Worten „eine wundervolle Seele besaßen" und er trug sein Leben lang einen Davidstern (Burns/Ward 40).

„ewig grinsen die gleichen Babys aus den Magazinen, ewig stampft die Jazzmaschine" (DDA 171).

- „Sachlich" sei „das Ende der Jazzmusik selber .... längst entschieden", „denn gleichgültig, was man unter Weißem und unter Negerjazz verstehen will, hier gibt es nichts zu retten (GS 18, 795).
- Totalität in der Tonalität (s. unter c.).

„Ich habe keine Vorurteile gegen die Neger, als dass sie von den Weißen durch nichts sich unterscheiden als durch die Farbe (GS 102 Seite 809). Von Negern sprach er auch, wenn er die Jazzmusiker, die „Jazzobjekte" meinte.

Es scheint, dass er sich hier nicht nur geirrt, sondern recht konsequent verrannt hat.

Im September 1931 besucht ein Mann namens Charly Black ein Konzert von Louis
Armstrong in Austin, Texas; dem Louis Armstrong, dem man oft vorwarf, nur der Onkel Tom
der Weißen zu sein:

„Er ließ aus dem inneren Raum der Musik Dinge strömen, die es nie zuvor gegeben hat ....
er war das erste Genie, das ich je zu sehen bekam .... man kann gar nicht überschätzen,
was es für einen 16jährigen Jungen aus dem Süden bedeutet, zum ersten Mal einen
genialen Menschen vor sich zu sehen - und dann ausgerechnet einen Schwarzen. Louis
öffnete mir die Augen und stellte mich vor die Wahl, Schwarze so sagte man damals,
gehören an ihren Platz. Aber wo war der Platz eines solchen Mannes und der seiner
Vorfahren".

Charly Black wurde später ein berühmter amerikanischer Verfassungsrechtler, der 1954
einer der Anwälte war, die im Fall Brown vs. Board of Education of Topeka den obersten
Gerichtshof der USA davon überzeugen konnte, dass die Rassentrennung von Schulkindern
verfassungswidrig war und die Formel   „Separate but Equal" nach US-Recht nicht länger
hingenommen werden konnte.

Dies heißt: Man muss dem Jazz zuletzt wohl bescheinigen, dass er

a)   Tatsächlich eine Kulturform ist.

b)   Eine gesellschaftskritisch relevante Position eingenommen hat, in der der Protest
     gegen die Unterdrückung der Schwarzen im Amerika des frühen 20. Jahrhunderts
     durchaus gewisse Parallelen mit der Unterdrückung der Juden in Deutschland
     (zumindest vor den ganz großen Massakern) aufweist.

c)   Man dem Jazz als Ganzem sicherlich keinen Antisemitismus vorwerfen kann.

d)   Er als Musikform Auschwitz überlebte und dynamisch sich fortentwickelte.

Das bedeutet aber, dass man dem Jazz keine positivistisch, dialektische (hegelsche)
Rechtfertigung für sein Fortbestehen vorwerfen kann.
Wenn der Jazz aber eine Kulturform ist, die unter der Kritik Adornos an der Kultur insgesamt
nicht betroffen ist, so bleibt sie (da sie ja wie alles andere selbstverständlich auch etwas zu
kritisierendes ist) übrig, ist mithin Nichtidentität im Sinne Adornos.
Sie ist also nicht dialektisch aufgehoben, sie ist Nichtidentität, also Teil adornitischer
Betrachtung der negativen Dialektik - aber dennoch nicht zum „Aushalten" verurteilt.

Man kommt also nicht umhin zu folgern, dass es hier im Nicht-Identischen, über die
traditionelle Dialektik hinausgehenden Bereich, etwas gibt, das:

a)   Nicht positivistisch aufzuheben ist.

b)   Nicht identisch ist.

c)   Nicht im Aushalten stehen geblieben ist und dies auch nicht musste, nicht nötig hatte,
     sondern das dynamisch aus sich heraus weiterhin in der Kultur leben konnte.

Auch von anderen Menschen, die sich mit Auschwitz beschäftigen, die teilweise sogar in Auschwitz waren, gibt es Aussagen und wissenschaftliche Theorien, die keinen Zweifel daran lassen, dass „Aushalten" nicht die einzige Form der Kultur nach Auschwitz ist (von der affirmativen Weiterführung diskreditierter Kulturarten nicht zu reden - sie verbietet sich von selbst).

Beispiele hierzu sind (neben Adorno ...)

a)   Victor E. Frankl, dessen Logotherapie ihre endgültige Form in und durch das KZ erst annahm. Er sah seinen Lebenssinn darin, mittels der Logotherapie dazu beizutragen, dass andere Menschen den Sinn in ihrem Leben entdecken konnten, selbst in einer solch ausweglosen Situation wie den nationalsozialistischen Konzentrationslagern. Dies natürlich nicht nur für die Zeit im Lager, sondern vor allem für die Zeit danach.
Frankl: „Die Freiheit des Menschen ist selbstverständlich nicht eine Freiheit von Bedingungen, seien es biologische, seien es psychologische oder soziologische. Sie ist überhaupt nicht eine Freiheit von etwas, sondern eine Freiheit zu etwas. Nämlich die Freiheit seiner Stellungnahme gegenüber all den Bedingungen. Und so wird sich denn auch ein Mensch erst dann als ein wirklicher Mensch erweisen, wenn er sich in die Dimension der Freiheit aufschwingt".
Es ist die Freiheit zur Sinnfindung in seinem Leben. Der Leib des Menschen und seine Seele können krank werden, nicht aber sein Noos.
Die Logotherapie hat den unerschütterlichen Glauben an die geistige Personalität auch noch des psychotisch Erkrankten.
Denn alle Pathologie bedarf erst noch der Diagnose, sagt er, einer Diagnosis eines Durchblicks im Hinblick auf den Logos der hinter dem Pathos steht, auf den Sinn den das Leiden hat.

b)   Einem in Auschwitz einsitzenden Maler, Musiker oder Literaten verbieten zu wollen, Kultur zu produzieren oder anzunehmen, dass er sie nur produzieren kann, indem er die frühere Art der Kultur „restauriert" (359), ist absurd und anmaßend. (Gleiches gilt natürlich auch für Frankls Logotherapie selbst.)
Giorgio Agamben schreibt in „Was von Auschwitz bleibt": „Es ist nicht leicht, das eigene Überleben zu rechtfertigen, am wenigsten im Lager." „Einige der Überlebenden ziehen das Schweigen vor und dennoch besteht für andere der einzige Grund zu leben darin, den Zeugen nicht sterben zu lassen". Hierzu gehört

beispielsweise Primo Levy, der sich Zeit seines Lebens als Chemiker fühlte, aber doch gegen seinen Willen Schriftsteller wurde, bis hin zu dem Grad, dass er Bücher schrieb, die mit seiner Zeugenschaft nichts mehr zu tun hatten. Er produzierte also auf das KZ bezogene Kultur und darüber hinaus Kultur, die sich sogar vom KZ freigemacht hatte. „Damit negiere ich nichts, ich habe nicht aufgehört, ein ehemaliger KZ-Häftling und ein Zeuge zu sein".

Ein weiterer Künstler als Beispiel: Eli Wiesel: „Ich lebe und daher bin ich schuldig, ich bin noch hier, weil ein Freund, ein Kamerad, ein Unbekannter an meiner Stelle gestorben ist" - trotzdem schrieb er weiter.

Bruno Bettelheim „Man kann das Konzentrationslager nicht überleben ohne sich schuldig zu fühlen, wenn man dieses unglaubliche Glück hatte, während Millionen anderer Menschen - und das in vielen Fällen vor den eigenen Augen - untergingen (77). Bettelheim war Professor für Erziehungswissenschaften, Psychologie und Psychiatrie an der Universität Chicago und ist Gründer einer Schule für schwer gestörte Kinder. Er arbeitete besonders mit autistischen Kindern.

Und dies alles ist eben kein „Sinn pressen aus".

„Das Gefühl, das nach Auschwitz gegen jegliche Behauptung von Positivität des Daseins als Salbadern Unrecht an den Opfern sich sträubt dagegen, dass aus ihrem Schicksal ein sei's noch so ausgelauchter Sinn gepresst wird" (354).

Auf Seite 355 scheint selbst Adorno zuzustimmen „dass perennierende Leiden hat soviel Recht auf Ausdruck wie der Gemarterte zu brüllen, darum mag falsch gewesen sein, nach Auschwitz ließe kein Gedicht mehr sich schreiben.
„Kunst, die anders als reflektiert gar nicht mehr möglich ist, muss von sich aus auf Heiterkeit verzichten ... der Satz nach Auschwitz lasse kein Gedicht mehr sich schreiben gilt nicht blank, gewiss aber dass danach, weil es möglich war und bis ins Unabsehbare möglich bleibt, keine heitere Kunst mehr vorgestellt werden kann. (GS Band 11 Seite 603)

Dieser Widerruf widerruft sich im nächsten Satz faktisch allerdings selbst, denn „nicht falsch aber ist die minderkulturelle Frage, ob nach Auschwitz noch sich leben lasse, obwohl es dürfe, wer zufällig entrann und rechtens hätte umgebracht werden müssen".
Wie ließe sich von den dazu Berufenen (die Einzigen, die es wirklich erlebt haben, den Insassen) ein Gedicht zu schreiben, wenn sie nicht einmal mehr leben dürfen.

So gibt es außer der positiven und der negativen Dialektik vielleicht noch eine weitere, eine die weder die vermittelnde Lösung sucht, noch in der negativen Diagnose stehen bleibt, sondern ohne ein „hohes getöntes Wort" zu sein, ohne zu schweigen, ohne sich zu verweigern und ohne aus dem Unrecht an den Opfern einen Sinn zu pressen, doch einen Sinn menschlicher Existenz nicht aufgeben kann und suchen muss. Man könnte diese Dialektik mit Frankl als Dialektik des Noos bezeichnen. Eine Dialektik, die in der spezifisch menschlichen Sphäre des Noos (Logotherapie), in der Nichtidentität, ein Weitergeben von Kultur ermöglicht.

So kann der Wunsch, das Drängen des Menschen zum Ausdruck seiner Umwelt in Kultur, gelesen werden als Suche nach dem Sinn, oder um Franz Werfel abzuwandeln: „Thirst ist the surest proof of water (n.Frankl)". Er meinte damit, wie kann man Durst erfahren, wenn nicht Wasser in der Welt ist; oder wie kann Adorno die Verzweiflung an Kultur erfahren, wenn nicht Kultur immer in der Welt sein kann.

Solches Denken kann solidarisch sein mit der Kultur im Augenblick ihres Sturzes.

Im Bewusstsein eines adornitischen kulturellen kategorischen Imperativs im Stadium des Aushaltens kann der Samen des Neubeginns, will man nicht zusätzlich zum Mythos der Aufklärung in der Dialektik der Aufklärung einen Mythos der negativen Dialektik begründen, beispielsweise im Jazz gefunden werden.

(Adorno ist hier nahe am Mythos, denn beispielsweise Levy Strauss schreibt im Hinweis auf die ethische Dimension des Mythos, sie ermögliche „nicht auflösbare Widersprüche zu ertragen, und damit auch das Andere und den Anderen anzuerkennen").

Gespürt hat Adorno schon im Vorhinein etwas davon, dass auch das Nichtidentische „nicht bejahend" überwunden werden kann, denn in seinem Aufsatz „Über Jazz (GS Band 17 Seite 74) schreibt er unter dem Pseudonym Hektor Rottweiler vielleicht mit einer gewissen Selbstironie.

Behrens schreibt dazu: „Dass Adorno gerade als Hektor Rottweiler über Jazz schreibt - man stellt sich einen bulligen, schnaufenden Wachhund vor, der Zigarre rauchend und auf der Schreibmaschine seine Anklage gegen die Jazzmusik heruntertippt -, kommt vielleicht nicht von ungefähr und nimmt seinem Urteil über Jazz durch diese Spur von Ironie das Vernichtende".

Behrens: „Der Unfug beispielsweise, den Adorno über Jazz geschrieben hat, wird erst dann wirklich zum Unfug, wenn er für bare Münze genommen oder in der Manier des Bescheidwissens ignoriert und im Sinne von Halbbildung kolportiert wird".

Und Adorno selbst schrieb schon in der Dialektik der Aufklärung:

„Manche Menschen ... missverstehen jede Äußerung im Sinne eines letzten Bekenntnisses, Gebots oder Tabus. Sie wollen sich der Idee unterwerfen wie einem Gott, oder sie attackieren sie wie einen Götzen. Es fehlt ihnen ihr Gegenüber an Freiheit. ... unfertig zu sein und es zu wissen, ist der Zug auch jenes Denkens noch und gerade jenes Denkens mit dem es sich zu sterben lohnt.

Der Satz, dass die Wahrheit das Ganze sei, erweist sich als dasselbe wie sein Gegensatz, dass sie jeweils nur als Teil existiert (DDA S. 261)".

Literaturverzeichnis:

Adorno T. W. (2003): Negative Dialektik - Jargon der Eigentlichkeit, Suhrkamp, Frankfurt am Main (Zahlen in Klammern)

Adorno T. W.: Gesammelte Werke; Bände: 10, 11, 17, 18, 19

Agamben G. (2003): Was von Auschwitz bleibt, Suhrkamp, Frankfurt am Main

Behrendt J. E. (2003): Das Grosse Jazz Buch, Fischer, Frankfurt am Main

Behrens R. (2003): Adorno - ABC, Reclam, Leipzig

Bettelheim B. (1982): Erziehung zum Überleben, DTV, München

Burns K., Ward G. C. (2001): Jazz, eine Musik und ihre Geschichte, Econ, München

Fabry J. B. (1968): Das Ringen um Sinn, Herber, Freiburg im Breisgau

Frankl V. E. (1969): The will to meaning, Meridian, New York

Frank V. E. (2001): Der Mensch vor der Frage nach dem Sinn, Piper, München, Zürich

Horkheimer M.,
Adorno T. W. (2001): Dialektik der Aufklärung, Fischer, Frankfurt am Main

Leach E. (1991): Claude Levi-Strauss, Junius, Hamburg

Lutz B.: Metzler Philosophen Lexikon, J. B. Metzler, Stuttgart, Weimar

Prechtl P., Burkhard F.-P.: Herausgeber (1999), Metzler Philosophie Lexikon J. B. Metzler, Stuttgart, Weimar

Scruton R. (1999): The Aesthetics of Music, Oxford University, Press, Oxford

Sikora F. (2003): Neue Jazz-Harmonielehre, Schott, Mainz

Wuchterl K. (1992): Lehrbuch der Philosophie, Haupt, Bern und Stuttgart